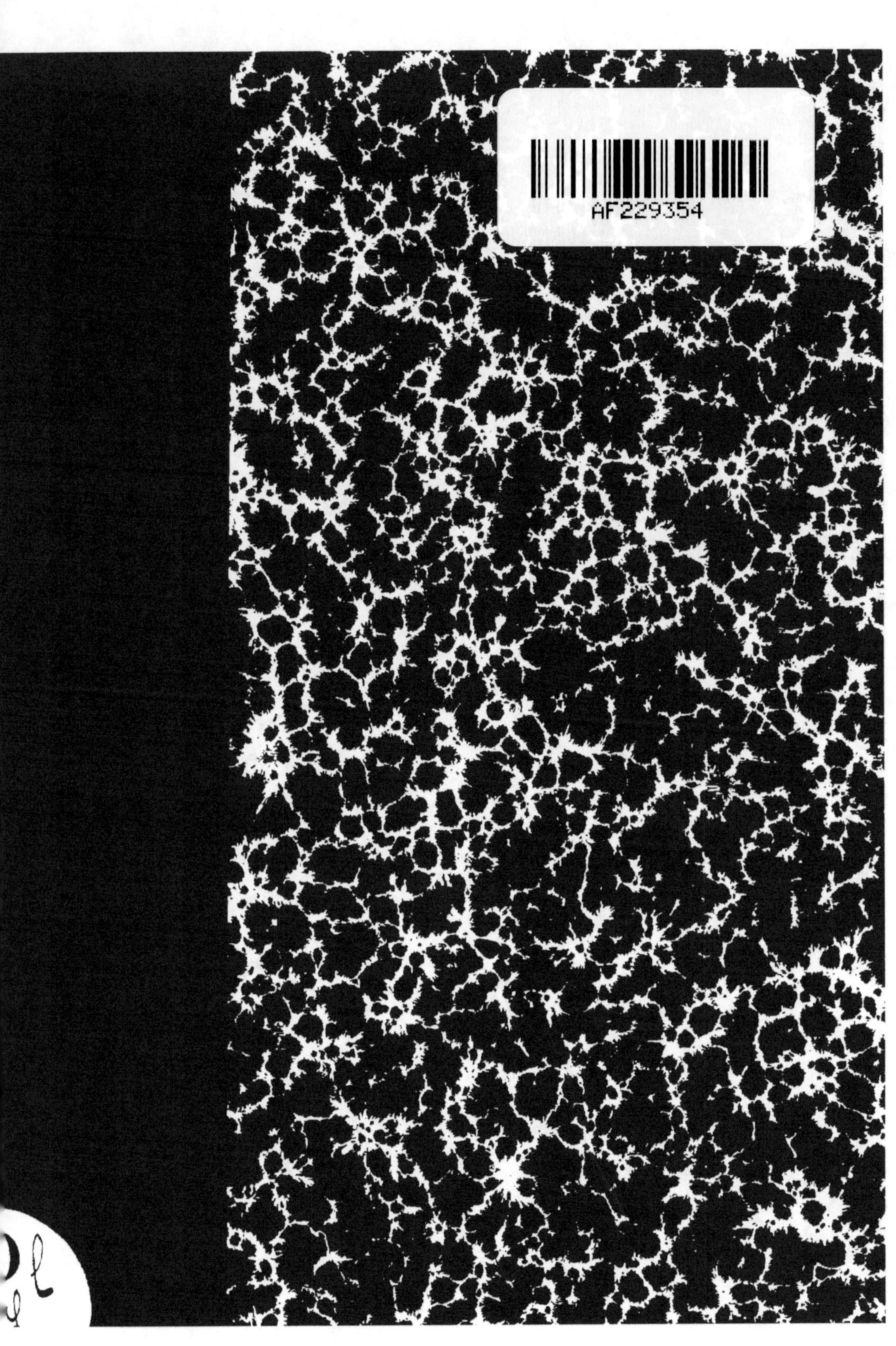

AF229354

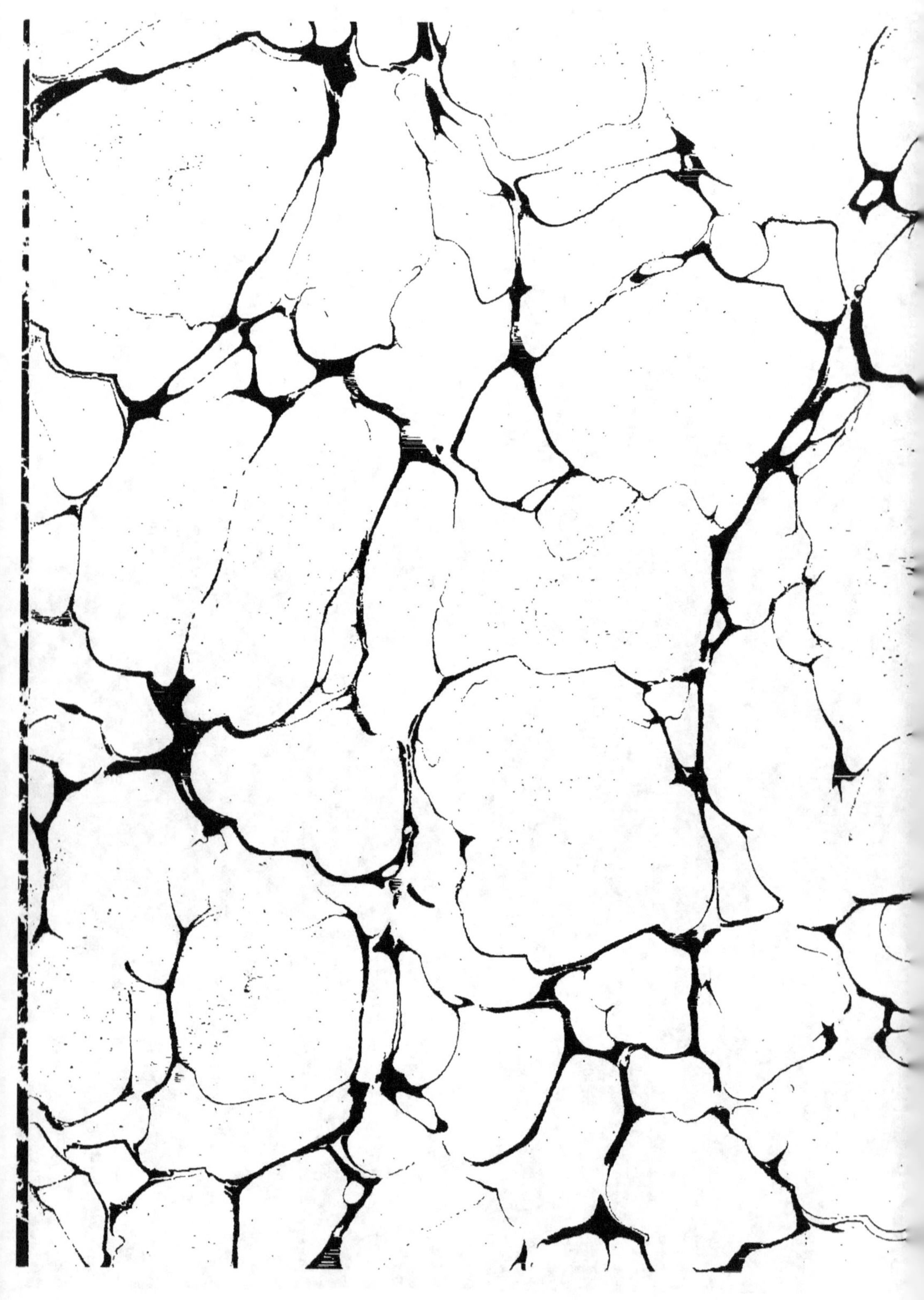

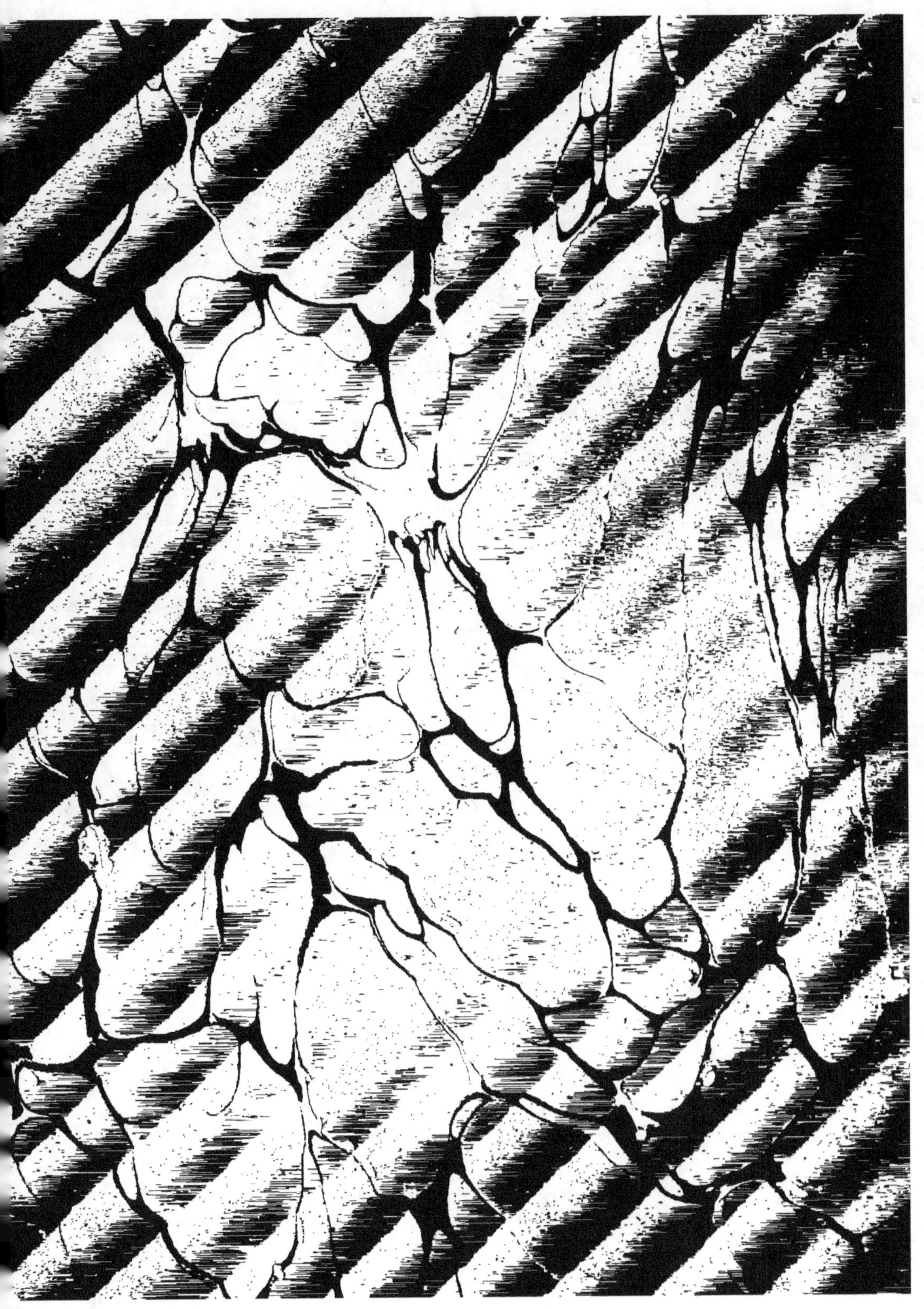

LES
POSSESSIONS ESPAGNOLES

DU
GOLFE DE GUINÉE

LEUR PRÉSENT ET LEUR AVENIR

PAR

LE LIEUTENANT SORELA

> Les lambeaux de la puissance coloniale de
> l'Espagne sont encore magnifiques.
> (Leroy-Beaulieu. — *De la colonisation
> chez les peuples modernes.* Ch. III, p. 272.)

> On peut affirmer dans l'état actuel du monde
> que la fondation des colonies est la meilleure
> affaire dans laquelle on puisse engager des
> capitaux d'un vieil et riche pays.
> (Stuart Mill. — *Principes d'économie po-
> litique.* Liv. V, ch. XI, p. 14.)

PARIS

A. LAHURE, IMPRIMEUR-ÉDITEUR

RUE DE FLEURUS, 9

—

1884

LES
POSSESSIONS ESPAGNOLES

DU

GOLFE DE GUINÉE

LEUR PRÉSENT ET LEUR AVENIR

LES
POSSESSIONS ESPAGNOLES

DU

GOLFE DE GUINÉE

LEUR PRÉSENT ET LEUR AVENIR

PAR

LE LIEUTENANT SORELA

> Les lambeaux de la puissance coloniale de
> l'Espagne sont encore magnifiques.
> (Leroy-Beaulieu. — *De la colonisation
> chez les peuples modernes*. Ch. III, p. 272.)

> On peut affirmer dans l'état actuel du monde
> que la fondation des colonies est la meilleure
> affaire dans laquelle on puisse engager des
> capitaux d'un vieil et riche pays.
> (Stuart Mill. — *Principes d'économie po-
> litique*. Liv. V, ch. XI, p. 14.)

PARIS

A. LAHURE, IMPRIMEUR-ÉDITEUR

RUE DE FLEURUS, 9

—

1884

INTRODUCTION

Mon objet en écrivant ces quelques lignes, a été de faire
connaître l'immense richesse que l'Espagne possède dans
ses colonies du golfe de Guinée et d'indiquer les bénéfices
que pourraient en retirer les personnes qui emploieraient
leurs capitaux à développer les différentes cultures dont ces
îles sont susceptibles, de même que celles qui établiraient des
comptoirs pour trafiquer avec les indigènes.

Puissent mes modestes efforts aboutir à un résultat pratique en mettant en relief ce que l'avenir peut réserver
dans cette partie de l'Afrique aux hommes travailleurs et
intelligents.

Paris, le 25 juin 1884.

$$\text{I}$$

TERRITOIRE QUE POSSÈDE L'ESPAGNE DANS LE GOLFE DE GUINÉE. — FERNANDO PO. — NOTICE HISTORIQUE, GÉOGRAPHIQUE ET TOPO-GRAPHIQUE. — CLIMATOLOGIE, HYGIÈNE. — ANALYSE DU SOL.

L'Espagne possède dans les mers équatoriales de l'Afrique les îles de Fernando Pô, d'Annobon, Corisco, Elobey Grande, Elobey Chico, plus une partie du même continent, dont les limites ne sont pas encore exactement fixées, et qui comprend les royaumes de Mahoma, Cumbes, Bapucus, Mozongos, Vicos, Vengas et Valengues, compris entre le cap del Campo et celui de Santa Clara, qui mesurent près de 250 000 kilomètres carrés de superficie.

Malheureusement tous les essais de colonisation qui se sont faits jusqu'à ce jour, n'ont pas dépassé une étendue fort restreinte de l'île de Fernando Pô, et c'est à celle-ci, qui pour des raisons spéciales se trouve être la plus importante des possessions espagnoles dans cette partie de l'Afrique, que nous bornerons aujourd'hui nos études.

Considérations. — M. Leroy-Beaulieu, dans son remarquable travail sur la colonisation chez les peuples modernes, après avoir dit au chapitre III en parlant des colonies espagnoles : « Les lambeaux de la puissance coloniale de l'Espagne sont encore magnifiques », décrit, dans un chapitre spécial, la situation languissante de ces colonies.

Je ne m'attarderai pas à étudier les causes qui font actuellement de Fernando Pô une charge pour la métropole, les limites fort restreintes de ce travail ne me le permettent pas ; mais je crois que si, en raison de ses crises politiques, l'Espagne est restée en dehors du mouvement colonial qui depuis les dernières années porte visiblement les nations européennes vers cette partie du globe, aucune d'entre elles n'est plus en mesure de concevoir de plus belles espérances.

Fernando Pô. Notice historique. — L'île de Fernando Pô fut découverte en 1741, par un navigateur portugais qui l'appela Formosa (belle), mais peu de temps après elle prit définitivement le nom de son explorateur.

Cette île et l'île d'Annobon furent cédées à l'Espagne par un traité ratifié à Madrid le 24 mai 1778, et qui était la conséquence d'un premier traité signé le 1ᵉʳ octobre de l'année précédente, par Joseph II, roi de Portugal.

Le gouvernement envoya alors une expédition qui partit de Montévidéo, sous les ordres de M. le comte d'Artalejos, mais cet officier mourait au début de sa mission, et le commandement échut au colonel Primo de Rivera qui, affrontant mille difficultés, prit possession de l'île au nom de l'Espagne. Peu après une révolution éclatait ; Primo de

Rivera fut obligé de revenir à Montévidéo avec le reste des troupes, et le 22 janvier 1782, il reçut l'ordre de retourner à Fernando Pô.

En 1827, le cabinet de Londres, qui, en raison du monopole commercial, s'était habitué à considérer l'île comme son bien propre, résolut de transférer le siège du gouvernement de ses possessions de la côte occidentale, de Sierra Leone à Fernando Pô. L'Espagne protesta, faisant valoir la priorité de ses droits. Mais, tout en cédant à d'aussi justes réclamations, l'Angleterre proposa à la régence, au mois d'avril de 1841, un projet d'achat dont le montant atteignait le chiffre dérisoire de 60000 livres *sterling*.

Après cette première étape de l'histoire coloniale de l'île, l'Espagne a essayé à plusieurs reprises des réformes dans son régime administratif, mais ses efforts n'ont jamais abouti à un résultat pratique au point de vue des exploitations à créer, obligée qu'elle était de porter son attention sur les gros événements qui surgissaient : les guerres de Cuba, la guerre carliste et l'expédition du Jolo.

Notice géographique et topographique. — L'île de Fernando Pô est située entre les parallèles de 3° 12′ 1/2 et de 3° 48′ 1/2 de latitude nord et entre les méridiens de 14°38′ et de 15° 11′ longitude est. Elle a 209 890 hectares.

Elle possède trois baies : celle de Sainte-Isabelle, où est située la capitale de l'île, dans laquelle se trouvent les bureaux du gouvernement; la baie de San Carlos au N. O., beaucoup plus grande que la première, et celle de Conception, à l'est. Celle-ci n'offre pas un abri suffisant aux bâtiments, surtout à l'époque des *tornades* (avril, mai, octobre et novembre), car elle reste complètement ouverte à tous les vents (qui viennent toujours du S. E.) et les mettent en danger.

Malgré la nature montagneuse du pays, il existe quelques belles vallées baignées par une multitude de rivières qui débouchent sur ses côtes. Les montagnes sont fort élevées, et l'on y remarque entre autres le fameux pic de Sainte-Isabelle qui n'a pas moins de 3240 mètres d'altitude ; la ville du même nom est située sur une plate-forme qui s'élève à 10 mètres au-dessus du niveau de la mer.

Climatologie et hygiène. — J'ai remarqué en ce qui concerne la climatologie de Fernando Pô, une grande divergence d'appréciations parmi les personnes qui l'ont habitée. Ou l'appréciation est par trop optimiste, ou tout au contraire entièrement pessimiste, ce qui me porte à croire qu'il y a exagération dans les deux cas. J'ai remarqué aussi que les partisans du pessimisme sont ceux qui n'ont jamais séjourné dans d'autres parties de l'Afrique ou sous les tropiques. Au contraire, ceux qui connaissent ces latitudes conviennent que tout en n'étant pas aussi favorable que l'Europe, pour l'Européen, ce climat peut être très avantageusement comparé à celui du continent puisqu'il pourrait servir non seulement de refuge, du sanitorium pour les convalescents, mais encore de lieu de guérison.

Le docteur Daniell dans sa topographie médicale dit, au pages 134, 137 et 162 : « Si les personnes qui jusqu'à présent se sont plu à suivre la renommée hygiénique de cette île, avaient vécu comme moi des années entières au bord des marais malsains de l'Afrique équatoriale, elles

auraient pu apprécier sans aucun doute la valeur inesti-
mable de ce joyau à la portée de tous les voyageurs africains,
joyau d'une valeur immense pour les convalescents,
puisque non seulement il les soustrait à une mort préma-
turée, mais qu'il les met en outre en disposition de pouvoir
vaquer aux occupations de la vie ordinaire. »

Le docteur Daniell a également formé la table suivante,
résultat de ses observations, en concordance avec celles du
colonel Nickolls et du gouverneur, M. Beecroft. Ce calcul
donne une idée très claire de la nature du climat de Fer
nando Pô.

Le thermomètre dans la saison des pluies, marque généralement entre 29°,90 et 30 degrés et à l'époque de la
sécheresse, entre cette dernière proportion et 30°,10. Les
tornades sont généralement du 1er et 2e quadrant.

En somme, le climat est généralement bon, plus avanta-
geux que celui du continent africain, et à tous les points
de vue incomparablement supérieur à celui de l'île de
Cuba.

MOIS.	TEMPÉRATURE FAHRENHEIT.			
	6 H. DU MATIN.	2 H. DE L'APRÈS-MIDI.	8 H. DU SOIR.	MOYE
Janvier............	72.0	85.0	80.5	7
Février..........	73.0	86.0	84.5	8
Mars.............	72.5	87.0	81.0	8
Avril............	71.0	84.0	80.0	7
Mai.............	70.0	80.5	74.0	7
Juin.............	69.5	80.5	70.5	7
Juillet..........	71.5	80.0	74.5	7
Août............	70.0	80.5	76.0	7
Septembre.......	67.0	79.0	78 0	7
Octobre..........	71.0	80.0	76.0	7
Novembre........	73.0	85.0	76.0	7
Décembre........	73.5	84.0	76.0	7

OBSERVATIONS.

ps clair, brises légères.

temps, mais orageux; vents réguliers de la mer.

temps, quelquefois orageux; brises fraîches de la mer.

ps plus frais; les pluies commencent à la fin du mois.

es et vents très frais de la mer; tornades.

es abondantes; temps orageux; tornades.

—   quelques tornades.

grains passagers; brises légères.

pluies diminuent; calmes fréquents.

eau temps commence; brises de la mer; grains.

mencement de la sécheresse; beau temps.

ps clair, brises légères; chaleur suffoquante.

Hygiène. — En ce qui concerne ce point important, je crois bien faire en reproduisant mot à mot l'opinion d'une autorité en pareille matière, le docteur Daikie qui fit partie d'une des expéditions envoyées au Niger :

« Jusqu'à une époque très récente, les fièvres africaines ont été un motif de terreur et on les a toujours traitées d'une manière empyrique. Aujourd'hui les doctrines qui existent sur cette maladie sont parfaitement d'accord avec la science et la raison. Il suffit de dire que les fièvres africaines n'ont rien de spécifique, qu'elles ne sont pas une fièvre *sui generis*, elles sont seulement une forme grave de la maladie générale, connue sous le nom vulgaire de *migraine*.

« Les subdivisions de cette maladie en fièvres continues, rémittentes et intermittentes semblent à la fois calculées pour confondre le médecin ; elles se rapportent à différents degrés d'intensité et non à des *différences essentielles* : toutes ces formes se confondent d'une manière aussi graduelle que sûre. Dans sa forme la plus bénigne, la fièvre est intermittente, c'est-à-dire *que d'un paroxysme à l'autre* il y a un intervalle de bonne santé ; si elle est plus grave, la maladie prend un caractère rémittent, ou bien entre les accès fiévreux, il existe seulement une rémittence de symptômes qui ne disparaît pas entièrement. Dans sa plus grande intensité la fièvre est presque continuelle, et ceux qui n'ont pas l'expérience de cette maladie pourraient croire qu'il y a une absence complète du paroxysme qui doit amener une solution fatale. Mais dans tous ces cas d'empoisonnement la cause primitive de la maladie est la même dans l'essence, et les résultats dépendent en partie de la quantité et de la virulence du poison absorbé. Deux personnes qui prendraient une même quantité de poison, ou qui boiraient la même quantité d'alcool, s'empoisonneraient, mais dans une proportion très différente. La maladie est de celles que les médecins appellent périodiques, et les remèdes précis sont antipériodiques. Parmi ces derniers, la quinine est reconnue comme le plus efficace. Elle peut s'administrer aussitôt que les symptômes de la maladie se présentent; mais pendant sa marche progressive il peut surgir des symptômes qui réclameraient un traitement spécial.

« La grande découverte scientifique de l'époque consiste à avoir trouvé que la quinine était non seulement un remède, mais encore un préventif, et c'est ainsi que beaucoup de personnes qui font un usage prudent de cette précieuse drogue vivent en parfaite santé au milieu des marais et des terrains les plus insalubres. Le meilleur mode d'emploi comme préventif est le *vin de quinquina*, dont on doit prendre un demi-verre le matin de très bonne heure, et s'il est nécessaire, un demi-verre après le dîner. L'expérience prouve également que lorsqu'un individu ayant fait usage de la quinine comme prophylactique est attaqué par les fièvres endémiques, il échappe beaucoup plus facilement au péril, et la période maladive est beaucoup plus bénigne et douce que s'il n'avait pas fait usage de ce médicament. Les autres moyens d'éviter la maladie sont à la portée de toute personne de bon sens : éviter de dormir au grand air, s'exposer inconsidérément aux rayons du soleil ou à la rosée pendant la nuit, rester trop longtemps dans des parages notoirement insalubres, etc., etc., et, pour les Européens, prendre toujours une nourriture saine et faire souvent des ablutions corporelles. On doit autant que possible éviter l'emploi des drogues et plus spécialement les composés mercuriels qui sont inutiles et ont causé plus de ravages que la fièvre elle-même. Le mercure (calomel) ne produit aucun effet sur les infections de *malaria* : c'est simplement ajouter du combustible au feu ; le malheureux auquel on l'administre se trouve combattre deux poisons au lieu de n'en combattre qu'un seul. La maladie est plus répandue et plus intense dans les parages humides, et, en général, il ne faut en réalité pour la développer, qu'une certaine quantité de chaleur précédée d'humidité. Ces conditions sont très générales et, comme on le voit, nous pourrions l'avoir partout, quoique elle existe plus spécialement dans les pays chauds.

« Mais la fièvre endémique d'Afrique ne diffère pas dans son essence de celle de l'Hindoustan, de celle de Borneo, de celle de la côte ferme ou des pays marécageux de l'Europe. Le traitement est le même, mais comme les symptômes sont plus violents, les remèdes doivent être plus énergiques et s'administrer avec moins d'intermittence. On a établi (et ceci a paru un paradoxe inexplicable) que les fièvres ne se développaient pas en général pendant le séjour des voyageurs dans les régions de la malaria, mais plutôt après leur arrivée dans les régions plus salubres, ainsi qu'il arriva à l'expédition de 1841. Mais ceci s'explique facilement ; les miasmes nuisibles n'abattent aussitôt que fort rarement, semblables dans ce cas à la petite vérole ou au typhus et après avoir passé par une période d'incubation variable de cinq ou six à seize ou dix-huit jours ; mais généralement entre neuf et douze, ce qui fait qu'avant que les premiers indices se soient manifestés, ou peut avoir abandonné la contrée où l'on a pris le germe de la maladie.

« L'on remarquera que cette maladie n'est contagieuse dans aucun cas et d'aucune façon. »

En résumé, je crois que la nature montagneuse de l'île crée plusieurs zones entre lesquelles il peut exister une très grande différence climatologique. — Pourquoi n'essayerait-on pas de choisir ces zones au lieu de suivre la fatale habitude qu'ont tous les colons de rester pendant la première étape de leur séjour dans la zone maritime, la plus pernicieuse pour les Européens.

Comme disait fort bien M. de Costa, un de nos compatriotes qui s'intéressent le plus au développement de nos intérêts en Afrique, dans une des sessions au Congrès géographique de Madrid en 1883 : « On peut considérer comme une des causes principales du mauvais résultat de nos essais coloniaux en Afrique le mauvais choix, au point de vue climatologique, des terrains d'exploitation. On a toujours commencé à s'établir sur le littoral avant de gagner le centre ; pourquoi n'irait-on pas du centre à la zone maritime ! »

Analyse du sol. — Un de nos collègues de la Société de géographie commerciale de Paris, M. Lanchier, qui a analysé le sol de Fernando Pò, a obtenu la moyenne suivante :

Humus.	32 0/0
Argile.	26 0/0
Calcaire.	12 0/0
Silice.	18 0/0
Cailloux ferrugineux.	12 0/0

II

Le chiffre de la population ne peut être évalué à cause de
la vie nomade que mènent ses habitants. — Il est arrivé à
un missionnaire qui vivait au milieu d'une peuplade de
constater un matin, à son réveil, la disparition complète des
habitants de son village.

L'opinion la plus répandue est que la population doit com-
prendre de 20 000 à 30 000 âmes.

Le capitaine Kelly, qui débarqua en 1882 à la baie de
Saint-Charles, à l'endroit que l'on nomme aujourd'hui le
cap Kelly, les appela « *Boubi*, qui dans leur langage signi-
« fie homme ».

Le nom de *Boubi* paraît également leur avoir été donné
à cause de leur salut amical : Cow-way Boobie? — Com-
ment vous portez-vous, étranger? — formule qu'ils em-
ploient toujours quand ils rencontrent un blanc.

M. Clarke, missionnaire baptiste a formé un vocabulaire de la langue boobie, et prétend que dans toute l'île l'on parle cinq langues différentes et un grand nombre de dialectes.

Don Géronimo de Usera, missionnaire apostolique, a réuni dans un vocabulaire les mots boobies les plus usuels; mais sur cette matière il n'y a rien de bien fixe par le fait de la rareté des rapports entre les indigènes et les Européens.

Le régime politique des peuplades ressemble à celui de la majorité des peuplades africaines, et consiste dans l'absolutisme le plus complet.

Pour donner une idée de l'état de barbarie dans lequel se trouvent encore ces indigènes, je citerai la description suivante faite d'une manière très pittoresque par M. Hutchison, qui résida quelques années à Fernando Pô, comme consul d'Angleterre. Dans son ouvrage : « *Impression of Western Africa* », il écrit: « La cérémonie du mariage est faite par la femme la plus âgée du village, et cette nouvelle liaison ne présente aucun inconvénient puisque la polygamie existe et que l'homme est libre de prendre le nombre de femmes qu'il peut entretenir. La cérémonie a lieu pendant la nuit; le couple se prend par la main et la prêtresse donne ses conseils : à l'homme elle dit de ne pas abandonner *cette* épouse, malgré toutes celles qu'il peut avoir déjà, et lui recommande de ne pas l'oublier; à la femme, elle conseille de bien cultiver les terres de son mari, de fabriquer de l'huile de palme, et surtout de lui être fidèle (1).

____

(1) C'est pour l'adultère qu'ils réservent leur férocité, car le mari outragé a le droit de couper l'un des bras de la coupable.

Une fois ces conseils terminés, les assistants crient en chœur « Ceo », qui est synonyme de notre Amen. Les deux mariés se promènent alors à travers le village, suivis d'une foule nombreuse et en jouant d'un instrument, sorte de cloche en bois qu'ils appellent *Leebos*. Cette partie de la cérémonie est dirigé par le *Cupi*, ou chef des chœurs ; leurs chants ne manquent pas d'une certaine solennité, et l'on dirait qu'ils rendent publique la nouvelle de la cérémonie qui vient de s'accomplir ; ce chant produit sur leur imagination sauvage une profonde impression.

La mariée est habillée des pieds à la tête avec des cordes de Tshibbu, et porte un large chapeau orné de plumes qui sont parfois des plumes de paon, car cet oiseau est très répandu dans la montagne ; le chapeau est assuré à sa chevelure par une baguette de bois, qui la traverse de part en part.

Après la procession nuptiale, la fête commence par des libations de *baon* (vin de palmier) et finit par la danse, qui dure jusqu'à une heure très avancée.

Leurs enterrements n'ont pas de cachet spécial. Ce sont les femmes qui remplissent les fonctions de nos fossoyeurs. Le mort est enterré debout, et la moitié du corps est laissée hors de terre. Quand un malheur frappe quelqu'un, tous les membres de la famille abandonnent la contrée où il a eu lieu.

Le couronnement d'un roi est une cérémonie qui offre une foule de détails d'un grand intérêt. Elle coïncide avec les notions de l'existence d'un esprit malin ou d'un diable, et je crois nécessaire de donner quelques explications à ce sujet.

Manou est le titre, qu'ils donnent au diable; le Botakimaaou, son grand prêtre, est supposé posséder son
influence grâce à l'intermédiaire des Koousakoukos.

Leur foi en Dieu, à qui ils donnent le nom de Rupé, est
une aspiration plus élevée que celle du diable; mais ils
croient fermement que la faveur de la divinité peut seulement s'obtenir par l'intercession du Botakimaaou, avec son
maître.

Dans la cérémonie du couronnement, le Botakimaaou
descend dans un puits très profond où il prétend parler avec
un des Kooukasoukos, qui se trouve au fond : le candidat
au trône se trouve auprès du puits, et il révèle ses plans et
ses futurs projets. Cette conférence se fait sans doute au
moyen du ventriloquisme, qui, dit-on, est une faculté que
possèdent beaucoup de Fernandiens. Le Botakimaaou donne
après à Sa Majesté le message du Kookasouko, afin qu'il lui
serve de base et puisse le guider dans l'accomplissement des
augustes fonctions, qu'il aura à remplir. Il verse ensuite
sur lui une certaine quantité de poudre jaunâtre, qui s'appelle *Yshcobos*, que l'on, tire par évaporation d'une certaine substance inorganique qui se trouve dans les eaux,
et à l'embouchure de quelques petites rivières. Par sa
légèreté et sa fraîcheur on peut la croire de nature végétale.

Sur ces entrefaites le Batakimaaou a placé sur la tête du
roi le chapeau usé par son père et la cérémonie est achevée.
Une fois élu roi, Sa Majesté ne peut plus manger certains
condiments avec lesquels on assaisonne ses mets gros-
siers.

En frottant quelques individus avec la poussière jaune,
dont nous avons déjà fait mention, opération que pratique

le Bakimaaou, lequel lui donne ses instructions pour faire usage de sept manières différentes.

Le premier ministre de ces rois, ou bien la personne de confiance, s'appelle le Boakirshi; il est général en chef de l'armée, premier ministre, premier conseiller du roi, chef et président des marchés, tout enfin depuis premier ministre jusqu'à sacristain.

L'autorité du roi ou cocorococo est suprême et il dispose entièrement de la vie et des biens de ses sujets. — Un certain nombre de ces caciques reconnaissent à leur tour la suzeraineté d'un autre cocorococo qui dispose d'une plus grande étendue de terres et d'un plus grand nombre de guerriers.

Les insulaires sont de mœurs très douces. Le costume est des plus simples, pour les femmes et les jeunes filles : un morceau d'étoffe grand comme la main constitue toute leur toilette en dehors des parures complémentaires telles que lanières, bracelets faits de fibres de bananiers.

Leur religion est le fétichisme sous une foule de manifestations grossières : les efforts faits par les missions de la Compagnie de Jésus n'ont pas donné les résultats que l'on aurait pu en attendre : la révolution de 1868 a chassé de ce pays les quelques hommes qui s'étaient sacrifiés au milieu de ces tribus sauvages, au moment où ils commençaient à recueillir le prix de leur abnégation.

Grâce à l'active gestion de M. Montes de Oca qui, à deux reprises différentes a été gouverneur général des possessions du golfe de Guinée, et à qui les colonies doivent toute leur prospérité actuelle, car il possède lui-même une magnifique plantation qui donne les plus belles espérances dans un bref délai, et dont les produits tels que le tabac, le café, le cacao, etc., ont obtenu la médaille d'or à l'Exposition d'Amsterdam, le gouvernement de la métropole a enfin envoyé, au mois de novembre de l'année dernière, douze missionnaires de la congrégation du Sacré-Cœur de Marie, auxquels il donne une subvention annuelle de 50 000 francs.

Au moment où j'écris ces pages le R. P. général est en route pour Fernando Pô, où il est allé dans le but de donner une nouvelle impulsion aux travaux apostoliques de ses coreligionnaires.

C'est avec l'aide puissante de ces hommes dévoués que pourra compter n'importe quelle entreprise qui s'établira dans nos colonies,

Je crois que malgré les théories et les doctrines de nos hommes politiques et de nos économistes tous les hommes sensés seront de mon avis.

Les Boubies sont complètement inutiles comme travailleurs, à tel point qu'il n'y a pas une seule plantation dans l'île où il soient employés, tous sont d'une paresse incroyable et d'une intelligence fort bornée ; ce fait a été scientifiquement prouvé par l'étude anatomique d'un crâne de Boubie envoyé à la dernière exposittion hollandaise. C'est une difficulté à laquelle le temps seul pourra remédier, car l'amélioration de la race est aussi possible au point de vue intellectuel qu'au point de vue physique.

Les ouvriers qu'on emploie aujourd'hui à Fernando Pô, viennent de la côte de Krou ; ce sont de rudes travailleurs, très forts, qui, en raison du manque de chemins, et même de sentiers, remplacent les bêtes de trait pour le transport des marchandises à dos d'homme.

Le Krouman est très sobre et très loyal ; sa main d'œuvre revient fort bon marché, car, outre sa nourriture, qui se compose des produits du pays, on lui donne un salaire mensuel qui varie entre 25 ou 30 francs en marchandises, ce qui fait à peu près de 12 à 15 francs en espèces.

Le passage d'un Krouman de la côte à Fernando Pô est à peu près de 2 livres sterling. Le seul inconvénient qui se présente est que l'engagé refuse souvent de prolonger *son bail* au delà d'une année ; aussi le mouvement de renouvellement du personnel chez tous les planteurs est-il si grand que, malgré le service régulier des malles anglaises et des bâtiments qui vont échanger leurs marchandises sur la côte, le consul de Portugal, l'un des propriétaires les plus importants de l'île, est en train de faire construire à Sainte Isabelle même, un trois-mâts pour faire le transport des Kroumans.

Ce n'est pas du reste l'Espagne qui peut être préoccupée de la question de bras, et en tout cas elle n'aurait que l'embarras du choix.

N'a-t-elle pas les indigènes de Bornéo, les coolies chinois, les habitants des îles Canaries, et surtout les provinces de Murcie, Valence, etc., qui produisent cette émigration en Algérie qui quelque fois atteint les proportions d'un fléau pour la métropole?

Certes, ce n'est pas le patriotisme qui manque aux Espagnols : pourquoi n'iraient-ils pas plutôt chez eux que chez les autres? La raison en est bien simple : le voyage de Carthagène à Oran dure seulement huit heures, et celui de Fernando Pô peut durer quinze ou vingt jours.

Que le gouvernement et les entreprises particulières qui

placent leurs capitaux dans cette partie du domaine espagnol encouragent l'élan de l'émigration vers ces contrées,
et le problème aura bien vite trouvé une solution.

III

PRODUCTION. — HUILE DE PALME. — CAOUTCHOUC. — BOIS PRE-
CIEUX ET DE CONSTRUCTION. — TEXTILES ET BAMBOUS. — IVOIRE.
— LAINES ET BÉTAIL. — CAFÉ ET CACAO. — COTON. — SUCRE. —
FRUITS. — POISSONS.

Production. — Les chiffres statistiques du mouvement
commercial des produits que peuvent fournir les possessions
du golfe de Guinée donnent une idée approximative de l'immense richesse que possède l'Espagne dans cette partie du
monde, et prouvent qu'elles peuvent être considérées comme
des joyaux d'une valeur inappréciable. Ces îles ont été déjà
l'objet d'un article consciencieux publié par M. Costa dans
l'un des journaux de Madrid.

Huile de palme. — C'est un des principaux articles d'exportation du continent africain : on calcule que de la côte
occidentale, 60 000 à 70 000 tonnes d'huile sont exportées
en Europe, ce qui représente une valeur de plusieurs mil-

lions : dans le delta du Niger, en face de Fernando Pô il existe une foule de comptoirs dont le seul but est d'acheter ce produit en échange de toiles et autres objets.

Le palmier à huile (*Elais Guineensis*) croît spontanément et forme d'immenses forêts : les indigènes sujets de l'Espagne récoltent la sève, mais comme ils manquent absolument d'outils, ils se servent seulement de la main, à la façon primitive. L'exportation se réduit à quelques centaines de tonnes par année, et d'immenses quantités de ce fruit pourrissent au pied de l'arbre. Le même fait se reproduit sur le territoire continental du cap San Juan. Le jour où la colonisation se développera dans cette magnifique île et où l'on aura installé des presses hydrauliques, afin d'acheter directement l'amande aux indigènes, ou bien le noyau du fruit que donne le palmier, la production de l'huile s'élèvera à plusieurs milliers de tonnes. Cette matière sert en Europe à la fabrication des graisses pour les roues des wagons, la fabrication du savon et des *paraffines* pour les bougies. Une autre matière similaire, la cire, s'obtient aussi dans le pays.

L'Espagne importa (1881) pour huit millions et demi de réaux (en somme ronde) d'huile de palmier, de coco, de coton et d'autres graines oléagineuses, plus une valeur de dix millions de *paraffine, stéarine, blanc de baleine,* cire en pains. Or, la métropole emploie une partie de la manufacture du savon et des bougies à soutenir son commerce en Afrique; ces produits peuvent par conséquent s'importer par quantités bien supérieures à celles que marque notre statistique actuelle. En faisant un parallèle entre le commerce extérieur de l'Espagne en 1881 et celui de 1882, on observe une augmentation considérable dans

l'introduction des huiles africaines, quoique malheureusement elles proviennent des marchés européens.

Caoutchouc. — Constitue une des industries du plus
brillant avenir par la grande variété de ses applications :
on a appelé notre siècle le siècle prédécesseur de l'âge du
caoutchouc. La flore africaine possède plus de cent espèces
arborescentes (euphorbiacées, artocarpées, apocinées, etc.)
qui produisent cette précieuse substance, qui s'extrait par
incisions, de même que la résine des pins. Elle est très abon-
dante dans les possessions continentales du cap San Juan
et dans la colonie voisine du Gabon. Les nègres employés
dans les comptoirs étrangers établis dans nos petites îles
de Élobey vont la chercher dans l'intérieur des forêts où
ils l'échangent aux indigènes pour des produits de manufacture européenne à raison de 1 fr. 75 à 2 francs le kilo-
gramme. Or l'Espagne importe, en fait de caoutchouc, une
partie en matière brute et une autre manufacturée, en
planches, fils, tubes et sous d'autres formes, pour une valeur de près d'un million de francs. Ces chiffres nous
prouvent que l'industrie du caoutchouc, qui n'est pas encore répandue en Espagne, peut atteindre un grand développement dans la baie, le territoire du cap San Juan
et les territoires de la côte du Calabar, qui fourniraient à
bon marché et en abondance la matière première.

Bois précieux et de construction. — Il existe aussi bien
à Fernando Pô que sur continent des espèces qui produisent
des bois excellents, aussi bien pour la menuiserie et la
tonnellerie que pour la construction navale, telles que le

cèdre, l'*acajou*, le *sandal*, l'*ébène*, le *chêne africain*, le *teck*, l'*acacia*, le *tilleul*, la *niba*, etc. — L'Espagne importa en 1881 pour un million de bois de fer ; pour 7 millions et demi de francs de bois pour la menuiserie et pour près de un demi-million de mètres cubes de planches, poutres et bois pour la construction navale, d'une valeur d'environ 23 millions de francs, qui proviennent tous des États-Unis, des Philippines, de Suède, de Norvège, de Russie et d'autres pays d'Europe. En 1882, l'importation de ces bois s'est élevée à près de 56 millions de francs.

Il n'y a donc pas de raison pour que l'Espagne ne bénéficie pas des trésors qu'elle possède dans les forêts de Fernando Pô et dans celles du continent, lorsque les Portugais retirent aussi bon profit des bois de construction et de teinture que produisent leurs deux îles de Santo Tomé et de Principe, situées dans le même golfe de Guinée, et quand la colonie française du Gabon, qui est limitrophe de notre territoire, *exporte annuellement* 40 000 tonnes d'ébène et de sandal rouge.

Substances de teinture. — Les bois de teinture, tels que le campêche, sont très abondants sur le continent et croissent spontanément à Fernando Pò, de même que la rhubarbe et l'indigo, dont la production peut s'augmenter dans une proportion indéfinie. — Or, l'Espagne importe annuellement des bois de teinture pour 750 000 francs ; des extraits de teinture pour 5 millions de francs, de l'indigo et de la cochenille pour 2 millions et demi, soit un total de plus de 6 millions de francs.

Fibres textiles et bambous. — Un autre objet de commerce que l'on trouve dans les comptoirs de nos possessions du golfe de Guinée est le bambou, de même que le *bejuco* et le *bananeros*. On les emploie comme matière première pour la fabrication du papier, et plus specialement comme fibres textiles pour fabriquer des cordes et des nattes, analogues à celles des Philippines et de l'Amérique. L'on en importe pour une valeur de 4 millions et demi de francs, et les filatures de ces mêmes substances en absorbent pour 4 millions un quart de francs en chiffres ronds.

Ivoire. — Quoique l'Espagne importe une faible quantité d'ivoire qui figure dans la statistique de son commerce extérieur avec la nacre, le corail, l'ambre et la baleine pour près d'un million de francs, c'est un article de grande consommation en Europe : l'Angleterre à elle seule importe annuellement 65 000 *kilogrammes* dont elle réexporte la moitié. Pour obtenir cette quantité d'ivoire il faut sacrifier 50 000 éléphants par an, si bien qu'il y a aujourd'hui des contrées entières en Afrique où ces pachydermes ont été complètement détruits. Dans les domaines espagnols du cap San Juan ils sont en si grand nombre que les indigènes se voient obligés de se servir de mille ruses pour les faire fuir de leurs plantations; dans l'intérieur ils vivent formant de nombreux troupeaux. Dans les comptoirs établis dans ces régions, les nègres sujets de l'Espagne vendent les défenses d'éléphants à raison de 5 à 10 francs la livre.

Laines et bétail. — L'Espagne a importé en 1881 pour 7 millions de francs de laine brute; or, les pâturages, qui sont très riches et fort abondants dans les hautes terres

de Fernando Pô, Camarones et cap San Juan, invitent au
développement de l'élevage du bétail sur une grande échelle.
Les porcs et les chèvres sont déjà d'introduction ancienne
dans le pays, et les indigènes s'adonnent même à leur élevage. Quant aux vaches, d'après les expériences de MM. Pel-
lon et Rodriguez, la race de Sierra Leona, d'aussi grande
taille que quelques-unes des plus belles races d'Europe,
est docile au trait, et serait de grande utilité et prospérerait
merveilleusement dans les zones maritimes. Quant aux bre-
bis, l'acclimatation de la race espagnole, nommée *churra*,
est un fait, et celle du mérinos pourrait être tentée dans
les zones élevées et moyennes, car le climat et les pâturages
de ces régions sont analogues à ceux des provinces septen-
trionales et centrales de la Péninsule.

Il y a en outre une foule d'arbres et de plantes fourra-
gères, telles que le maïs. Le riz donne deux récoltes par
an dans les terrains non irrigués. En 1870, le gouverneur
de l'île, M. Sanchez Ocana, proposa au gouvernement une
grande exploitation de bétail sur les hauteurs qui entourent
le pic de Sainte-Isabelle, afin de fournir des viandes à la
colonie, persuadé que cette opération produirait de beaux
bénéfices au Trésor.

Café et cacao. — L'Espagne a importé en 1882, 6868
tonnes de cacao et 5267 de café, soit une valeur de 18 millions et demi de francs. Ces deux articles commencent à
se développer à Fernando Pô. Le café croît à l'état sauvage
dans l'île. En 1866 le gouvernement de la métropole envoya
des plants de cacao de Caracas et de Guayaquil. Dans le
cours de cette même année on ordonna, par décret royal du

ministère des colonies, au commissaire spécial des travaux
publics de l'île, d'essayer la culture du café, du cacao, de
la canne, du coton et du tabac dans les fermes modèles
subventionnées par l'État. Dans ces dernières années on a
fait des plantations relativement considérables; l'on y a
planté 70 000 plants de café et 1 500 000 plants de cacao,
ce qui est dû, en plus grande partie, au gouverneur
M. Montes de Oca. Aujourd'hui ces plantations ne produisent encore que 2000 quintaux, mais dans deux ou trois
ans ces produits seront en plein rapport. La qualité du
café est semblable à celle qui provient des îles portugaises
voisines; il a une réputation égale à celle du moka.

Coton. — En 1882 l'Espagne importa 46 000 tonnes de
coton brut, soit une valeur de 81 millions de francs. Le
coton croît aussi à l'état sauvage, et le gouverneur don
Joaquin de Souza calcula que, dans la zone maritime, on
pourrait obtenir pour une somme d'environ 125 millions de
francs. Aujourd'hui, malheureusement, on ne peut pas
faire ce calcul, car il n'existe pas encore de cultures dans
les conditions à pouvoir donner des résultats indus
triels.

En 1865 notre ministère des colonies s'adressa aux
États-Unis et à l'Égypte pour pouvoir se procurer des
semences de coton pour faire des essais dans notre île. Dans
la même année une des fermes modèles envoya en Espagne
1254 kilogrammes de ce coton, et le gouvernement remit
la moitié de cette cargaison au gouverneur de Barcelone,
pour qu'il le distribuât entre les fabricants de la province,
dans le but de développer et de stimuler la culture de

ce textile. L'autre moitié fut remise à un syndicat manufacturier d'Angleterre.

Sucre. — L'importation de cet article figure dans la statistique commerciale espagnole de 1882 pour une valeur e 27 millions de francs et elle augmente chaque année. La canne à sucre croît dans l'île de Fernando Pô, et s'il est vrai que sa culture demande une main-d'œuvre considérable et de grands capitaux, cette industrie peut être utilisée tout d'abord au point de vue de la fabrication de l'eau-de-vie, article de grande consommation dans le golfe de Guinée, et c'est par là qu'il faudra commencer.

Fruits. — L'île de Fernando Pô possède une très grande richesse et une énorme variété de fruits : l'oranger, le grenadier, etc., etc.

Ces fruits rappellent Cuba, même dans l'analogie qui existe entre les troubles apportés dans la santé des émigrants qui ne sont pas avertis de l'effet que leur abus peut produire ou qui ne savent pas résister à la tentation ou vaincre leur gourmandise.

Dans l'île de Fernando Pô, il existe une grande quantité d'excellents poissons d'espèces toutes différentes.

A l'entrée de la baie de Sainte-Isabelle est situé un groupe d'îlots appelé Enrique, qui possèdent dans leurs anses des bancs d'huîtres inépuisables.

On pourrait donc établir sur les côtes des dépôts destinés à la salaison du poisson qui pourrait être l'objet d'un commerce très lucratif, car c'est une industrie qui a réussi partout où elle a reposé sur des bases solides.

Laissant donc de côté et pour l'avenir les derniers produits, il résulte de l'étude précédente que le golfe de Guinée peut fournir une grande abondance de fret à notre marine marchande, et de matières premières à notre industrie. L'Espagne a-t-elle des produits de ses manufactures nationales à donner en échange?... Oúi, si le courant de l'importation offre des conditions naturelles aussi favorables que celui de l'exportation. Les nègres de Guinée reçoivent, en échange de leurs marchandises, des mouchoirs, des pièces de coton, du rhum, de l'eau-de-vie, des fusils, des couteaux, du sel, du riz, du tabac, produits que l'Espagne est à même de pouvoir leur fournir de première main.

Le congrès espagnol de géographie coloniale et commerciale avait parfaitement raison, lorsqu'il écrivait en tête de ses conclusions : « En vue des produits naturels et industriels, que l'on fournit et que l'on consomme dans la Péninsule et les possessions espagnoles du golfe de Guinée, il existe une base naturelle pour entretenir entre la métropole et ses possessions un commerce d'importation et d'exportation de quelques centaines de millions. »

Nous n'avons parlé jusqu'ici que des produits qui existent aujourd'hui dans nos possessions de cette partie du globe, mais quelle immense source de richesse n'y pourrait-on pas créer en y introduisant les différentes cultures de notre continent que ce sol serait apte à recevoir, surtout les cultures les plus répandues dans nos provinces méridionales ! Les nombreuses différences d'altitudes de l'île de Fernando Pô plus particulièrement, fournissent des zones où on peut obtenir des produits nouveaux aussi nombreux que variés.

IV

COUP D'OEIL RAPIDE SUR SAINTE-ISABELLE — RÉGIME POLITIQUE
ET ADMINISTRATIF. — CONCESSIONS DE TERRAINS. — LA MAIN-
D'OEUVRE. — KROUMANS. — RAPPORTS COMMERCIAUX. — VOIES
DE COMMUNICATION.

Le panorama de la baie de Sainte-Isabelle est digne de
tout éloge. Le capitaine Kelly, de la marine royale anglaise,
dit en faisant sa description : « La baie est entourée d'un
vaste et magnifique amphithéâtre. Après la baie de Naples,
je n'ai vu aucun endroit au monde plus capable d'être
transformé en véritable paradis, par la main de l'homme.
Que l'immense forêt qui couvre les pentes des collines cède
la place aux plantations de canne à sucre ; que les sommets
de ces collines se garnissent de caféiers, et que l'on cons-
truise dans l'angle oriental de la baie et les terrains adja-
cents à la rivière une ville de suffisante importance qui
soit la capitale de l'île, et Fernando Pô surpassera sans
aucun doute toutes les possessions anglaises de cette partie
de l'Afrique. (*Quarterly Review.*)

La plus grande partie de la population de Sainte-Isabelle
est nègre, les blancs sont relativement en très petit nombre.
Les constructions sont généralement en bois, excepté celles
qui appartiennent au gouvernement.

L'administration locale est dirigée par une réunion dési-
gnée sous le nom de *Consejo de Vecinos*, et qui se compose de cinq membres, nommés par le gouverneur. Ceux-
ci sont élus parmi les plus importants de la ville ; c'est une
sorte de corporation municipale, qui a le droit, confirmé
par le gouvernement de Madrid, de prélever un droit
de 2 pour 100 sur l'exportation et de 8 pour 100 sur l'importation. C'est avec cet impôt que l'on pourvoit à l'entretien
de la police urbaine et des autres charges munici-
pales.

Le régime politique et administratif de l'île a changé à
plusieurs reprises depuis la domination de l'Espagne.

Actuellement le gouvernement de toutes les possessions
du golfe de Guinée est confié à un lieutenant de vaisseau
de 1re classe, qui réside à Sainte-Isabelle ; il a pour asses-
seurs un lettré qui remplit les fonctions de juge et quelques employés subalternes.

Il existe un hôpital commandé par un lieutenant de vaisseau de 2e classe.

Le service naval de la station est fait par un aviso et une
canonnière, qui sont placés sous les ordres du gouverneur.

Il n'y a jamais eu d'employés, dans les autres possessions espagnoles du golfe de Guinée, sauf à Corisco où
il y eut un sous-gouverneur à certaine époque ou à la tête
du gouvernement de ces domaines était placé un général de
brigade.

Les cocorococos des territoires situés sur la côte de ces îles secondaires qui appartiennent à l'Espagne ont un droit par tonneau pour les marchandises importées.

Les missionnaires du Sacré-Cœur de Marie, qui ont leur résidence centrale à Sainte-Isabelle, pensent commencer à faire leurs excursions dans l'intérieur d'un moment à l'autre et établir des Missions auxiliaires sur tous les territoires espagnols.

Concessions de terrains. — Le gouverneur des possessions du golfe de Guinée a le droit de donner des concessions de terrain jusqu'à concurrence de cinquante hectares.

Pour obtenir une plus grande étendue de terrain il faut s'adresser au gouvernement de la métropole.

Quand les terrains sont donnés à bail, les usufruitiers payent à l'État un impôt de 25 centimes par hectare, et quand ils sont déclarés comme propriété définitive, les propriétaires les payent à raison de 5 francs par hectare.

Les Kroumans. — Comme, en traitant la question de bras, nous avons parlé du Krouman comme du travailleur dont on se sert actuellement tout en indiquant combien il serait facile de trouver plusieurs solutions au problème de la main-d'œuvre, nous ne nous occuperons que de lui, puisque le but de ce travail est de fournir immédiatement des résultats pratiques laissant pour l'avenir les modifications apportées dans les contrats avec les Kroumans ou leur substitution, ainsi que nous l'avons déjà indiqué.

Au grand Sestros et au cap Palmas sont établies les principales colonies de Kroumans que prennent pour leurs tra-

vaux les plus pénibles nos bâtiments marchands et de
guerre ; c'est grâce à ces indigènes que les Européens ont pu
établir des cultures et du commerce en Afrique.

C'est à Fishtown, Rock-town et Casally que l'on trouve
les hommes les plus robustes.

Le service pour l'engagement avec les planteurs est bien
organisé, et c'est cette race qui supporte le mieux les travaux les plus durs.

Quand un Krouman a fait quelque temps de service dans
les plantations et qu'il a assez de crédit pour établir sa
maison, il prend avec lui un certain nombre de jeunes gens
avec lesquels il contracte l'engagement de les placer en les
conduisant lui-même dans les comptoirs établis sur les
bords des rivières ou dans les exploitations agricoles ; une
fois le contrat fait avec le chef de la factorerie ou le proprié-
taire, il reçoit un mois d'avance sur le salaire des ouvriers
qu'il fait engager et une partie de ce même salaire quand
le bail est expiré.

Le Krouman a réalisé ses aspirations quand il a cessé de
travailler et qu'il a 25 ou 30 femmes à sa disposition. Ces
femmes deviennent à sa mort la propriété du fils, ainsi
qu'une partie du mobilier, si bien qu'il y a des individus
qui ont leurs propres mères pour épouses.

Malgré cette dégradation sociale, ils ont une certaine no-
blesse, de l'élévation dans les sentiments et surtout un grand
amour pour leur mère, comme le constate un missionnaire
dans son ouvrage sur l'Afrique occidentale : « Le nom de
sa mère, vivante ou morte, est toujours sur sa bouche et
gravé dans son cœur. C'est la première créature à laquelle
il pense à son réveil et son dernier souvenir quand il s'en-

dort. C'est à elle seulement qu'il confesse les secrets qu'il ne révèlerait à personne. C'est aussi la seule créature qu'il soigne pendant la maladie. Si lui-même souffre, il n'admet d'autres soins que ceux de sa mère bien-aimée ; c'est elle qui lui prépare sa nourriture, lui donne ses médicaments et l'aide dans ses ablutions. C'est à elle qu'il recourt quand il est malheureux, car il sait parfaitement que si le monde entier est contre lui, il trouvera toujours chez sa mère amour et protection. »

Mais ils sont en même temps fort superstitieux : ils croient aux mauvais esprits et à une foule d'idées inhérentes à leur état sauvage ; mais ils n'ont aucune des sanguinaires et horribles habitudes des indigènes du golfe de Biafra.

En somme, le seul défaut qu'ils aient, comme travailleurs, est cette résistance absolue de ne s'expatrier que pour un an : car le défaut, que lui attribuent certains colons de ne pas aimer le travail des champs, n'est dû qu'à la répugnance qu'ils éprouvent, attendu que chez eux, comme chez la plupart des tribus africaines, cette occupation est monopolisée par les femmes, mais il faut espérer que le temps en aura raison.

Rapports commerciaux. Voies de communication. — De tout ce que j'ai exposé jusqu'ici, l'on peut déduire que si les relations commerciales entre la métropole et ses colonies du golfe de Guinée sont à peu près nulles aujourd'hui, cet état de choses n'est certes pas dû au mauvais vouloir des indigènes, qui ont toujours manifesté la plus vive sympathie pour notre drapeau partout où il s'est présenté. L'annexion à l'Espagne de nos domaines du cap San Juan, de Corisco et des deux Elobey a été volontaire de la part de ses habitants, et il faut remarquer que ces contrées étaient fréquemment visitées par des navires de guerre et marchands, avant de faire partie de la couronne d'Espagne, tandis que nos bâtiments y faisaient de rares apparitions.

Notre service postal se fait par une des malles anglaises qui ont leur ligne fixe entre l'Europe et cette partie de l'Afrique, et auxquelles l'État paye une subvention annuelle ; nos employés sont ainsi obligés de se servir des malles étrangères.

Cela prouve les bénéfices immenses que pourrait réaliser une Compagnie qui établirait une ligne de bâtiments à vapeur et qui posséderait en même temps des exploitations agricoles et industrielles sur le territoire, tout en créant des comptoirs dans les parages les plus favorables à cet objet.

On peut assurer dès lors qu'elle pourrait obtenir en bien peu de temps un développement extraordinaire en employant un capital qui serait toujours insignifiant relativement aux produits qu'elle serait sûre de charger.

C'est dans ce but que j'ai fait des calculs qui sont basés sur l'expérience des planteurs.

V

ANNOBON. — CORISCO. — ELOBEY GRANDE. — ELOBEY CHICO. — CAP SAN JUAN.

Si je ne m'arrête que brièvement à étudier les autres possessions que l'Espagne possède dans le Golfe de Guinée, ce n'est pas que je ne sache l'utilité que pourront avoir pour la métropole ces petites colonies situées dans cette partie de l'Afrique.

Annobon. — Le nom d'Annobon lui fut, dit-on, donné parce qu'elle fut découverte le premier de l'an. Ce fut en effet le 1er janvier 1498, selon l'opinion la plus répandue, que Juan de Santarem, navigateur portugais, la découvrit.

Ce n'est qu'en 1592 que le gouvernement de Lisbonne fit son premier essai de colonisation, c'est-à-dire un demi-siècle après s'être occupé d'autres possessions que la Couronne possédait dans ces latitudes.

Ce premier essai ne donna aucun résultat à cause de la faiblesse des moyens qu'ils employèrent.

En 1641, les Hollandais prirent aussi possession du groupe voisin, mais ils s'en occupèrent fort peu, car leur intention fut attirée vers des points de plus grande importance.

Quand le traité de paix fut signé, le Portugal reconquit les colonies que la guerre lui avait enlevées, jusqu'à l'époque où, avec l'île de Fernando Pô il en fit donation à l'Espagne par le traité du 24 mars 1778.

L'île d'Annobon est située entre les 1° 25′ 30″ latitude sud et les 12° 35′ 20″ de longitude de l'observatoire de l'île de Léon; elle a 10 milles de longueur, 6 de largeur et 46 de superficie : elle est par conséquent la plus petite du groupe que possédait le Portugal.

Elle renferme plusieurs montagnes qui ont environ de 2000 à 2500 pieds de hauteur.

Quant au climat, d'après tous ceux qui y ont séjourné quelque temps, il serait aussi favorable que celui de toutes les îles espagnoles du Golfe de Guinée.

Les indigènes et quelques insulaires des îles portugaises ont fait à plusieurs époques des plantations qui ont prouvé ce qu'on pourrait obtenir de cette petite île, qui est loin de manquer de ressources.

Les productions sont là à peu près les mêmes que dans les autres colonies qui appartiennent à l'Espagne.

Le nombre des indigènes est évalué de 2500 à 3000 selon le dire des mêmes habitants, mais il ne peut pas être considéré comme exact, car on n'a jamais fait de recensement.

Leur religion est une sorte de fétichisme mêlé de certaines pratiques du culte catholique, dont ils conservent un souvenir confus du temps où les missionnaires portugais visitèrent l'île.

Le pouvoir spirituel et temporel réside dans le cacique qui célèbre lui-même les pratiques du culte, dont le rituel est composé d'une foule de bizarreries.

La langue que l'on parle dans l'île est un mélange d'espagnol, d'anglais et de portugais, qui constitue un jargon avec lequel ils se comprennent pour faire le trafic, qui du reste est fort insignifiant, avec les bâtiments qui y font escale.

Il n'y a jamais eu à Annobon de délégué du gouvernement ni de personne européen.

L'île de Corisco fut annexée à la couronne d'Espagne par la volonté de ses habitants qui demandèrent cette faveur par l'intermédiaire de leurs rois Munga et Boncoro II.

Je ne m'arrêterai pas sur la description des deux îles d'Élobey Grande et Élobey Chico, de même que sur les domaines espagnols du cap San Juan, l'histoire de leur annexion à la Couronne s'est faite dans les mêmes conditions que celle de Corisco.

Quant aux productions, elles sont les mêmes que l'on peut obtenir à peu près sur tous les points de la côte occidentale de l'Afrique, offrant l'avantage de plus que l'ivoire, qui n'existe ailleurs que sous le point de vue commercial, existe là comme produit.

Les habitudes, mœurs, religion, etc., ne présentent aucun caractère de différences essentielles, c'est toujours le fétichisme sous des formes plus ou moins grossières

En vue de l'importance que peuvent acquérir dans l'avenir les contrées que l'Espagne possède dans le golfe de Guinée et surtout le territoire situé au cap San Juan, aujourd'hui où toutes les nations européennes portent leurs vues vers le continent mystérieux, et où les frontières appartenant aux divers États de l'Europe commencent à être un fait et doivent religieusement être respectées, je crois qu'il serait temps que le gouvernement espagnol fixât son attention sur la délimitation définitive de ses frontières dans ces parages.

Un bruit dû sans doute à la situation spéciale qu'a traversé l'Espagne dans ces dernières années, a circulé dans la presse étrangère qui à plusieurs reprises s'est faite l'écho de la cession d'une partie de ces colonies.

L'Espagne n'a pas oublié son ancienne grandeur coloniale : elle sait qu'elle peut attendre pour reconquérir son rôle parmi les grandes puissances, et ce n'est certes pas en cédant aucun titre ni à aucun prix une partie de ses domaines (ce qui du reste serait en complète contradiction avec ses anciennes traditions) qu'elle arriverait à réaliser la plus noble de ses ambitions.

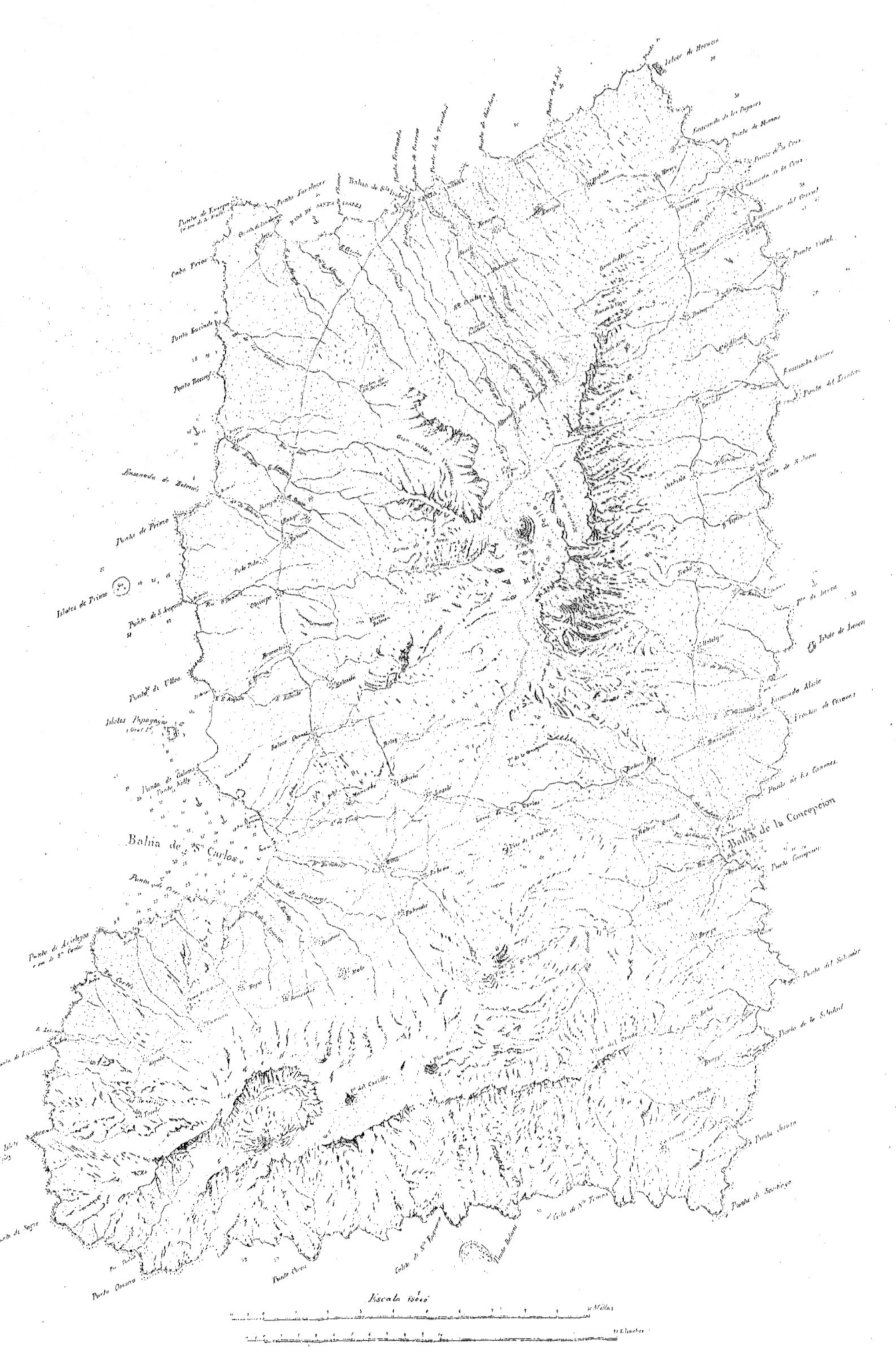

Bahia de Sta Isabel
Punta Fardoux
Ria de Santa Isabel
Punta de Yrupe
Cabo Prieto
Punta Luciente
Punta Tionny
Ensenada de Zobrar
Punta de Primo
Islotes de Primo
Punta de S. Segun
Punta de Ulloa
Islotes Papagayos
Punta de Calona
Punta Kelly
Bahia de Sn Carlos
Punta del Cura
Punta de Antlejos
Punta de Estrecu
Punta de Soya
Punta Oscura
Punta Chivi
Isletas de Horacio
Ensenada de los Pajaros
Punta de Moreno
Punta de Sa Cruz
Ensenada de la Cruz
Ensenada del Obispo
Punta Vidal
Ensenada Riviera
Punta del Escalon
Cala de S. Juan
Isleta de Jacinto
Ensenada Alicia
Ensenada de Carmen
Punta de los Canones
Bahia de la Concepcion
Punta Concepcion
Punta del Salvador
Punta de Sa Isabel
Punta Jacinto
Punta de Santiago
Cala de Sn Francisco
Escala 1:60000
11 Millas
11 Kilometres

10850. — IMPRIMERIE A. LAHURE
Rue de Fleurus, 9, Paris

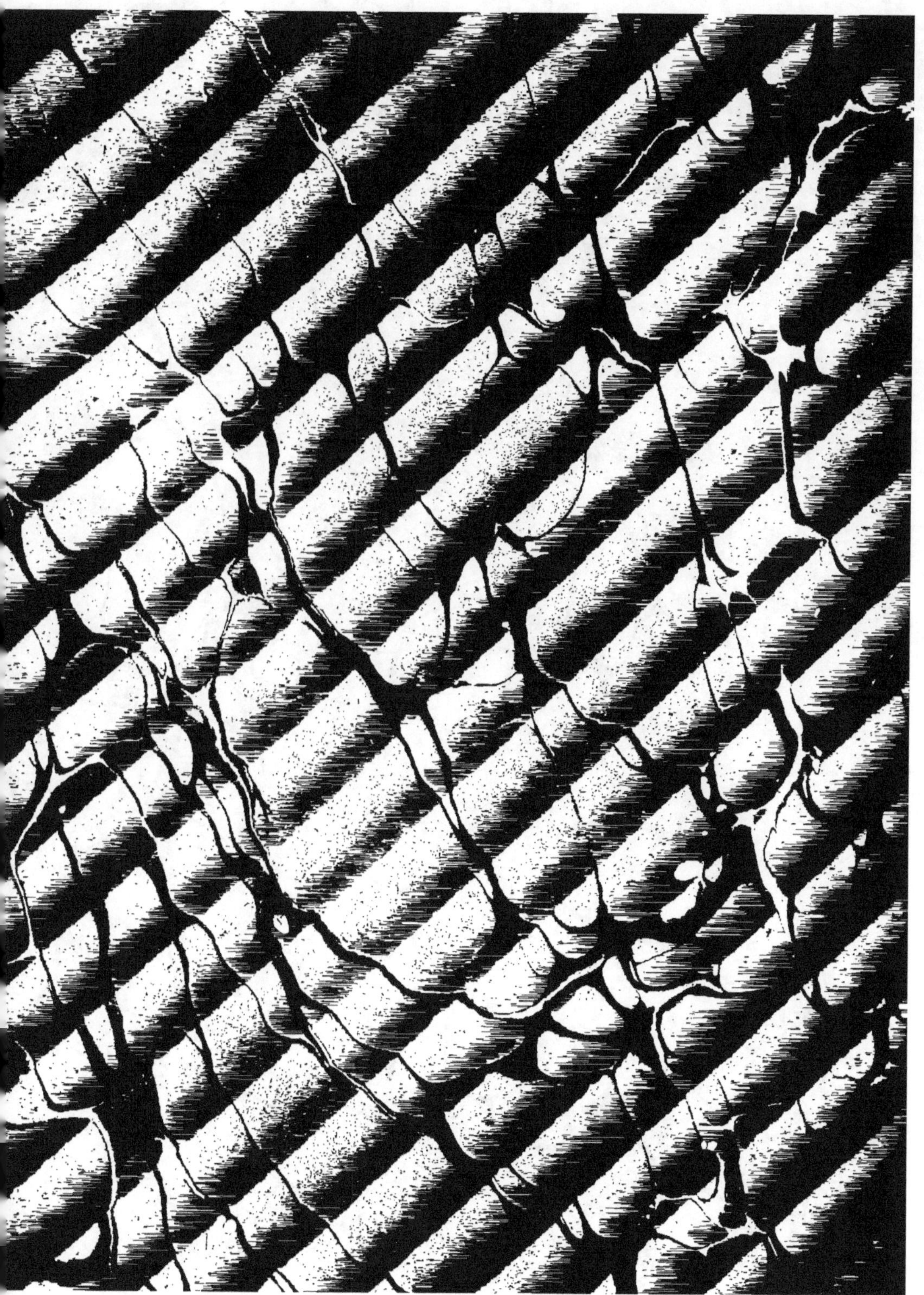

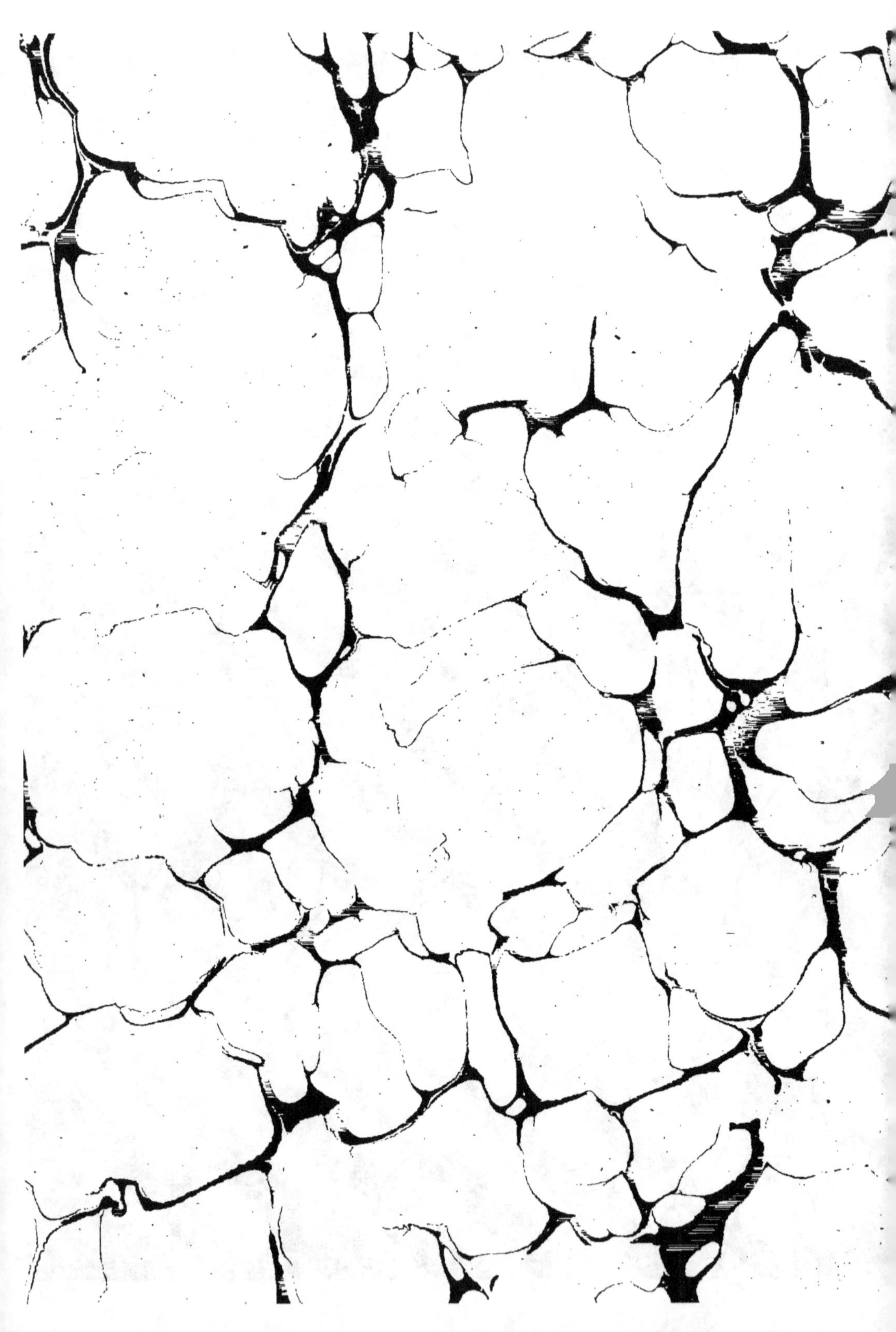

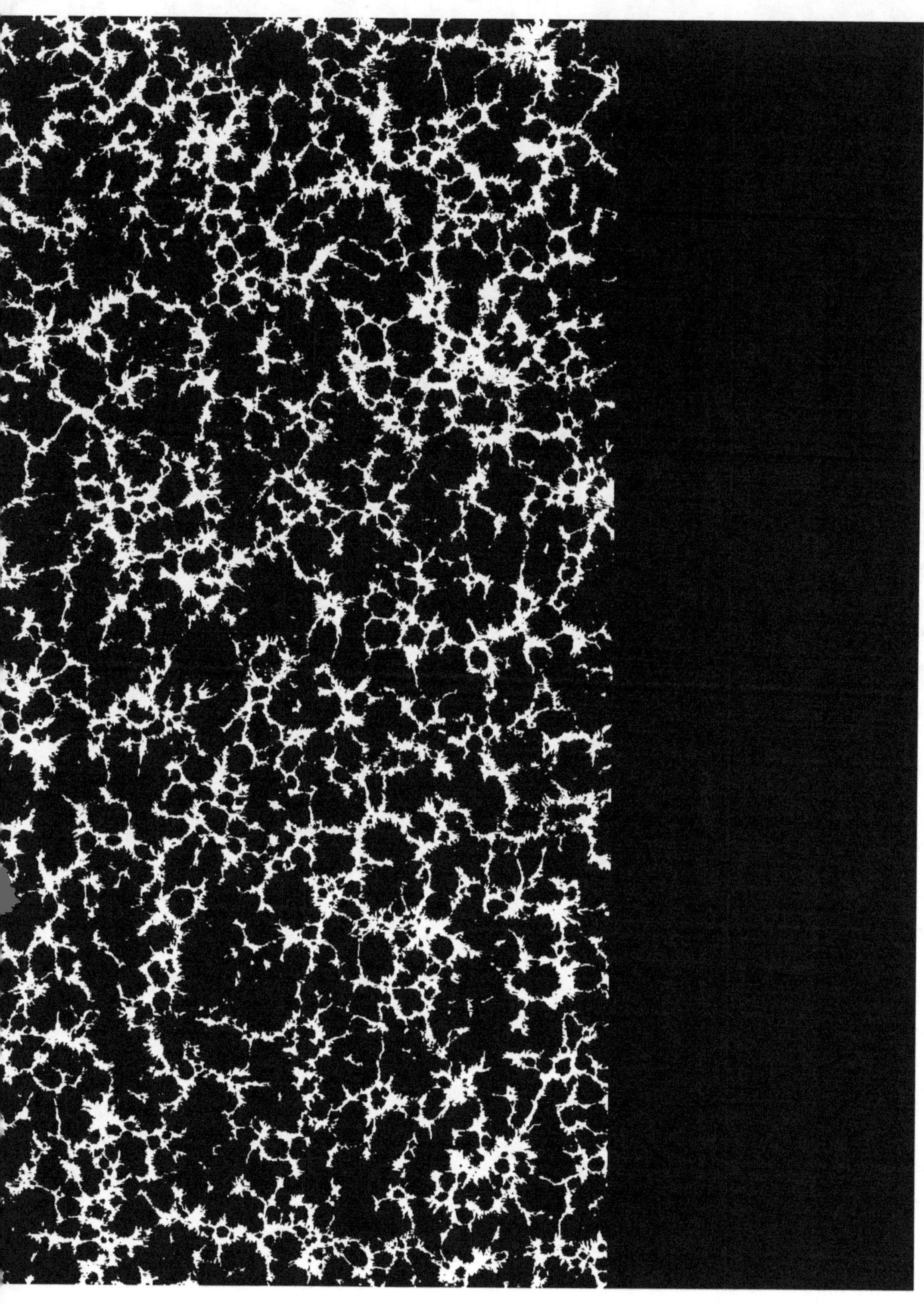

www.ingramcontent.com/pod-product-compliance
Lightning Source LLC
Chambersburg PA
CBHW051122050726
47594CB00003B/915